BORE NEWYDD

Bore Newydd

Myrddin ap Dafydd

ⓗ Myrddin ap Dafydd/Gwasg Carreg Gwalch

ⓗ y lluniau: Tony Jones, Y Rhiw

www.rhiw.com/www.llynlight.co.uk

Llun clawr: Golygfa o Fynydd Rhiw am hanner awr wedi pedwar y bore:
y wawr yn torri dros darth Llŷn, gyda Garn Fadryn ar y dde.

Lluniau tu mewn: Nant Gwrtheyrn; lluniau du a gwyn a dynnwyd ar ddeg
ymweliad yn y 1970au, cyn adfer y lle yn Ganolfan Iaith.
Tynnodd Tony dros 500 o luniau ar ddau gamera Nikon (F2a/FM; lensys
20mm i 200mm) ar ffilmiau Ilford Fp4 125asa a Hp5 400asa, gan
ddefnyddio trybedd.

Argraffiad cyntaf: Medi 2008

Rhif Llyfr Safonol Rhyngwladol:
978-1-84527-188-6

Cynllun clawr: Sian Parri

Mae'r cyhoeddwyr yn cydnabod cefnogaeth ariannol
Cyngor Llyfrau Cymru

Argraffwyd a chyhoeddwyd gan Wasg Carreg Gwalch,
12 Iard yr Orsaf, Llanrwst, Dyffryn Conwy, LL26 OEH.
Ffôn: 01492 642031
Ffacs: 01492 641502
ebost: llyfrau@carreg-gwalch.com
lle ar y we: www.carreg-gwalch.com

i
Huw, Gareth a Jôs,
y tri môr yn y Tir Mawr

ac i
Mam,
am agor y drws ar Stratford
a sawl drws arall

Cynnwys

Hen fachlud a gwawr newydd

Tafarn Tŷ Coch, Porth Dinllaen, pnawn Calan

Mae'r Eifl yn codi'i chap i flwyddyn well;
gosodwn ddarnau olaf y jig-so
Nadolig yn eu lle, yr ŵyl ymhell
o'n holau erbyn hyn, ac awn am dro
drwy'r trai am dywod diog Porth Dinllaen.
Mae'r sbeis tymhorol yn y gwin o hyd
pan ddown at dorf o fastiau dewr o flaen
y dafarn draeth, pob gobaith yn ei grud.
Toc wedi tri, daw heulwen isel braf
dros ddŵr sy'n cilio'n ôl o'r harbwr clai,
gan roi i'r glannau sglein o felyn haf
a boddi'r sêr sy'n oedi 'ngwydrau'r tai.
Un lli yn wacach ydi'r hafan hon;
un golau'n gryfach ydi gwar y don.

Meibion

i dri a aned yn ardal Llithfaen cyn Calan 2004

Twm, Lleu a Cynwal – mae'n Galan, hogiau,
    mae'n agor cam bychan;
  wrth y glwyd mae buarth glân
  a gwawr sy'n graig o arian.

Mae heulwen newydd eleni, hogiau,
    ar wg ẏ clogwyni
  a'r wên wan drwy'n Ionawr ni
  yn cyrraedd niwl Tre'r Ceiri.

Mae'n gam ceiliog arnom, hogiau; – heddiw
    rhaid claddu'r hen ofnau,
  llawer cwyn a llawer cau
  ni welwn yn eu holau.

Gwenwyn a chodi bwganod, hogiau,
    sinigiaid a chrancod
  a gweiniaid a choegynnod
  a bôrs – nid ydyn nhw'n bod.

Mae heuwyr yr hen amheuon, hogiau,
    yn gryg, yn gysgodion:
  lliw'r dydd sy'n distyllu'r don
  llaw'r golau'n llywio'r galon.

Golau am ei bod hi'n Galan, hogiau,
    a'r Gymraeg yn hedfan
  a'r hen dŷ yn crynhoi'i dân
  i'r rhai sy'n tyfu rŵan.

Babanod y Coetshws

Mae 'na ddigon ohoni – ar un llaw'r
    un lleia'n y cwmni
    inni weld na welwn ni
    gymêr fel Dyddgu Mari.

•   •   •

Mae'r llechwedd heddiw'n feddal – anrhegion
    sydd yng nghreigiau'r ardal
    â'n hen dir drachefn yn dal
    tywodyn bach fel Tudwal.

•   •   •

Dwy garreg ollyngodd Begw – i'r llyn
    mawr llonydd, di-enw;
    daw'n ôl eu crychdonnau nhw
    a hen yw'r chwerthin hwnnw.

Gŵyl Banc Dewi

Gwae'n dydd heb dy gennin di, – gwae gwerin
    heb wladgarwch ynddi
  a gwae'n hen iaith os gwnawn ni
  ŵyl ddiog o'n Gŵyl Ddewi.

Gair

Aeth cri o groth y cread – i galon
    gwyliwr yr hir gariad
  a chroyw o'r dechreuad
  oedd y dweud: y gair oedd 'Dad'.

Strydoedd Caernarfon

Protest yr ysgolion, 13 Rhagfyr 2007

Mi welais arfbais: roedd y gaer yn gref,
polîs yn atal plant, a bwyell hen
orthrymwr yn y rhwyg rhwng gwlad a thref –
roedd Edward ar y tŵr yn hollti gwên.
Mi welais dorf yn troi y gân yn chwip
ar groen un fu'n eu herio gyda'i sain;
mi glywais ddrws yn glep, mi gefais gip
ar gefnau'n dringo'r grisiau o'r gwynt main.
Mi sefais gydag enwau'r mannau gwyn
sy'n disgwyl nos; darllenais eto'r llith
fod tyrfa'n ddall, mai dim ond un neu ddau
gaiff dalent gweledigaeth yn ein plith;
mi deimlais hen ffyddloniaid yn tristáu
ac mi synhwyrais yn fy llygaid, boer.
Mi'i chlywais hi yn oer, yn oer, yn oer.

Ailagor y Fic

Tachwedd 2004

Haf hir oedd haf heb y Fic:
ni chaed un mwy sychedic
a heb Innis, boi unic
a fûm, ar goll heb y Fic,
yn affwysol ddiffisic:
dyn diddiferyn di-Fic.

Mae'n llwm, mae faciwm heb Fic,
di-odl ydwi, diawledic
yw i fardd fod heb ei Fic;
hemrej a gaiff pob limric,
ni fydd, heb awen y Fic,
i fesur fawr o fiwsic,
fy soned fel bref sinic,
cyndyn fy englyn heb Fic;
meudwy a fûm, rhwymedic
drwy'r haf hir heb dwrw'r Fic.

Rhai trist wrth bob statistic
a welent fynwent y Fic;
dwedai un yn sardonic:
'Wedi ei fyw mae dy Fic.'
Y babŵn bach piwbonic,
na fu fawr yn nef y Fic,
gan hwn roedd cwestiwn costic:
'Onid i fedd 'aeth dy Fic?
Rhy dlawd yw ardal wledic
a bellach rhy fach yw'r Fic
i chwain! Waeth heb na chynnic
adfer hen fenter y Fic;
na thwîtiwch mor bathetic:

heno oni fo i'r Fic
dalentau mid-Adlantic,
au revoir yw hi i'r Fic.'

Credai rhai mwy caredic
– fel Iwan Foel – yn y Fic;
yntau'r hen Giliau Gaelic
a John fu'n fawrion i'r Fic;
Gwyn Plas, dyn rhwng dau lastic,
a Gwenan, Dylan a Dic
a Wil Pen-llech Wyddelic
a Tacho fu efo'r Fic
yn betio yn boetic
y dôi i fod freuddwyd y Fic.

Y di-ofn a'r ystyfnic
a welai fwrdd hwyl y Fic
a chymuned unedic
yn llafar wrth far y Fic:
eiliad fawr o weld y Fic
a'i Dulux seicadelic
yn gynnes ac organic,
yn fwg, yn dân ac yn Fic.

Fel cario'r Eifl a'u cerric
fu hynt ailgerflunio'r Fic;
naddodd y criw mynyddic
y rhiw faith yn ôl i'r Fic:
do, bu'n gerdded blinedic,
ond 'na fo – dwi *yn* y Fic.

Y fwyalchen a'r gwalch glas

wrth gofio Iolo Bala

Y sgrech ddaeth gyntaf, cri hir fain
ac yna gwaedd saer maen i'r cymylau'n
diawlio wrth daflu'i raw at lwyn o ddrain
dan gysgod pig yr heliwr a'i styffylau.
'Drycha be 'nath y cont! Dod lawr ar hon
a'i lladd!' gan ddal mwyalchen yn ei law,
a'i chladdu – wedi'i dal hi at ei fron –
wrth ficsar sment, yn dyner gyda'i raw.
Yno y planwyd perllan wedi hyn
a phlygu'r clawdd, rhoi trwch o bridd dros glai
a daw sawl deryn du a'i nodau gwyn
i'r llwyfan blodau ar afallen Mai.
Ond caf fy hun yn dal i regi'n fras
dros ganwr aeth yn sglyfaeth i'r gwalch glas.

Adref i dŷ gwag

Tywyllwch. Mi aethant allan. – Wel, iawn,
    mi gaf lonydd rŵan.
   Dim ond cloc, toc sy'n tician,
   heb helynt mawr y plant mân.

Ymddeoliad

Bwrw angor, culhau'r gorwel – fu raid,
    ond mae'n frawd i'r awel
   a phrudd ei lygaid ffarwél
   yn y drws ar drai isel.

Ray

Aeth ffyrdd pob gobaith a ffydd
yn wag a than lifogydd
heb Ray i sirioli'n broydd.

Aeth sgarlad y wlad yn glaf;
aeth bore o hydre' haf
yn gawod wen o'r gaeaf.

Ar faes beirdd, ar faes y bêl – gwan yw'n lliw;
    Maes Gwenllian dawel
  â'n gwron dros y gorwel.

Y Ray union fu'n trywanu'r llinell;
    Ray yn llawn cyd-ddolur;
  Ray y dyn dagrau a dur.

Rhoes inni hwyl, dysgodd ni i wylo
a glân oedd ei galon o – doedd ei wên
na thân ei heulwen fyth yn niwlio.

Heno, drannoeth a fory, drennydd,
daw ei awen, ta waeth am dywydd,
â ffordd drwy'r rhew – a chawn o'r newydd
y wlad fwyn sydd i'w gweld o'i fynydd.

Mi wn, pan gwyd emynau – uwch yr arch
    a'r haul ar ein dagrau,
  nad yw'r coed yn medru cau
  ei enaid o'n maes ninnau.

Huw Sêl a'i amcan saer

Roedd Huw yn medru gweld drwy dyllau pry
hen ddistiau da-i-ddim oes oesau'n ôl
a chariodd eu pelydrau craidd i'w dŷ
er mwyn goleuo cwpwrdd bach neu stôl.
Mi fedrai glywed sŵn dan sodlau gair
mewn cerdd, mewn sgwrs dros ysgwydd ac mewn inc,
a'i ganu, yn ei hwyliau dyddiau ffair,
uwchlaw sŵn cenllysg Tachwedd ar do sinc.
A medrai nabod ambell haearn cŷn
yng nghanol dynion shafins a llwch lli
a chanfod cwyriad cenedlaethau hŷn
yng ngraen y plant oedd yn ei alw'n 'chdi'.
Ni wisgai gôt na sgarff ar ddrycin chwaith;
bob dydd, mi welai heulwen bach ar waith.

Hiraeth Wil Sam

Pethau mawr yw'r pethau mân
â'r rhew yn gafael rŵan.
Galwais, cyn i'r llais bellhau,
i gael, cyn colli'r golau,
hel y dweud, cael ei weld o
a'r wên ar yr ên honno;
nid oedd o yn ei dyddyn
dim ond bod ei gysgod gwyn
yn nharth yr hwyr wrth y rhos,
ei air ffarwelio'n aros
a dail y cydiad olaf
yn yr haul yn cofio'r haf.

Yn y gegin chwerthin, chwith
yw'r hwyl heb ei athrylith,
ac uwch bedd ei Dachwedd du,
hen yw'r iaith a'r hiraethu.
Rhy hwyr, bellach, yw'r hiraeth
troi'n ôl at yr hyn a aeth –
hiraeth Wil, yr hiraeth hwn
a gwyd o'r hyn a gadwn.
O fan hyn hyd gefn Ionawr,
pethau mân yw'r pethau mawr.

Gwybod

Wedi dianc drwy dywydd, – codi 'ngôt,
    cadw 'ngwar at stormydd,
   yn haul aur dall ola'r dydd,
   mi wn pwy bia'r mynydd.

Tafarn y Fic

Mae anadl rhwng ei meini – yfory'n
    fawr yn ei seleri,
   sŵn parhau'n ei hwyliau hi,
   gwanwyn yn ei chasgenni.

Dan Gaergribin

Mi wn am le'n y mynydd – ag arogl
    y gwair yn obennydd,
   lle'r cerddwr heb dwrw'r dydd
   na brain yn ei wybrennydd.

Canu yn y glaw

Daeth y glaw ar ddiwrnod olaf Eisteddfod Caerdydd ond roedd y
corau cefnsyth yn canu yn y bar ac yn codi calonnau.

Y meibion, a'r glaw yn donnau'n tywallt
    ar ben to'r stondinau,
   ynghyd, a'u llygaid ynghau,
   er mwyn morio'r emynau.

Gwilym Plas

Wrth ei anrhydeddu â Medal T.H. Parry-Williams

Y wên nad yw yn mynd i oed, – y wên
    sydd ar wyneb maboed,
  y wên o afael henoed:
  mae'r wên gan Gwilym erioed.

Gwên â'i fflam yn tanio'r ddrama – a gwên
    sy'n gôr a chymanfa;
  gwên i'w daid gan hogyn da
  a gwên fel Patagonia.

Gwên tywysennau gwenith – y ddaear
    wrth ddiolch am fendith;
  gwên gwlad yn mygu'n ei gwlith;
  gwên mewn llyfr, gwên mewn llefrith.

Gwên aur sydd gan wyrion a wyresau,
    gwên o wres breuddwydion;
  haul llawer haf ar afon:
  dyna yw hud y wên hon.

Gwên gŵr wrth ganu geiriau ei galon,
    gwên gŵyl, gwên gwylnosau;
  gwên hŷn na'r grym sy'n gwanhau
  a gwên i'm hannog innau.

Gwên ugain; gwên egni hogyn, – a gwên
    gweld gwefr yn ei ddilyn;
  gwên Ha' Mihangel melyn
  a gwên llawn gwanwynau Llŷn.

Ifor Wyn Go'

Clywaf Efail Blac Leion, – migaldi
    magaldi'r morthwylion
  a sêr dur yn dawnsio'r don:
  Ifor sy'n croesi'r afon.

Roedd fel darn o haearn ei hun – ei war
    fel yr Eifl, pob gewyn
  yn galed fel tae'n golyn
  a dwrn lwmp fel darn o Lŷn.

Ac er mai crefftwr gwerin – oedd y go',
    roedd ei gelf yn chwerthin
  a'i wên braf o linach brin:
  Ifor Wyn oedd yn frenin.

Cywion gwenoliaid

Gŵyl Pen Draw'r Byd, 2005

Miri'r cywion uwch y môr a'r caeau
a glas y don yn fforch eu cynffonnau
yn wyn eu byd, a'u byd yn wibiadau.

Haul olaf yr haf ar wyneb afon
a ffrwd o dwrw dros bontydd Daron:
y cywion newydd yn llawn caneuon
ac awr eu gŵyl eto'n gyrru'r galon.

Mae 'na newid tymor ar y gorwel,
rhyw dueddu mynd y mae'r dyddiau mêl:
on'd ydyn nhw'n wych ar adain uchel?

Mae gwasgar yn agos, mae'n cyfnosi,
ond er i'r hwyl droi yn llwyd i'r heli,
mae awel gynnes yn llawes y lli
a chyn ymadael â chywion Medi
mae ffurfafen i'w llenwi – pelydryn
i'w gofio yn wyn drwy'n gaeafau ni.

Iorwerth Tai Candryll

Iorwerth â'r nerth yn ei wên – a Iorwerth
    y ffraetheiriau llawen:
  aeth ein dyddiau ninnau'n hen
  na chawn ni ei wreichionen.

Evelyn Gruffydd

Aeth Ionawr drwy'r eithinen – a tharo'i
    darth oer ar bob cangen,
  eto, heb hawlio'i heulwen:
  llwyn y gwanwyn oedd ei gwên.

Cwm Prysor

Gorffennaf 2007

Dim ond porffor y gorwel, – a cherddi
    chwarddwr y cwm tawel,
  a nos; y bryniau isel
  yw sennau du Passchendaele.

Y Cian

i Emyr Wyn, tafarnwr y Cian, Gŵyl Maldwyn 2008

Roedd 'na ofnau gweld cau'r Cian,
neuadd olau Cynddylan,
ac ar lan afon Banw
syched fu'n eu hyfed nhw
am yr hen hwyl; Gymry'r nos
a'u hiraeth yn eu haros.

Yma i'r wâl daeth Emyr Wyn,
y ffeind ŵr a Phen-deryn;
gŵr hael wrth ei griw heulog
yn ŵr Cian ers dyddiau'r cóg
a'r gŵr sydd piau'r goriad
yma'n nhŷ hir ein mwynhad.

Y Cian a'i groeso cynnes;
corlan yw'r Cian i sawl cês.
Cian a'i lys teca'n y wlad;
Cian a'i ddogn cyn-Ddiwygiad.
Y tŷ llawn tylluanod:
Cian a'i beint Cymreicia'n bod.

Carreg filltir

Wrth styried lled echelydd
A'i gwneud hi'n gornel haws
A chwalu'r tyrpeg i'r artícs
Y daethant ar ei thraws.

Roedd arni enwau trefi
Nad awn ni iddynt mwy:
Carreg fedd i oes fu'n byw
Ar farchnad plwy i blwy.

Beth yw milltir heddiw
A blodau'n para mis?
A beth yw taith o ben draw'r byd
Ond ceiniog ar y pris?

Soned Wyddelig

Mae'n deimlad od ar Grafton Street, gweld croen
yn rhychiog gan Fwlgaria yn y glaw
a'i diolch yn ei llygaid, gyda'i phoen,
wrth roi'r *Big Issue*'n dyner yn fy llaw.
Ar Bont y Ddimai, llais dwyreiniol ddeil
y cwpan coffi i hel fy arian sbâr,
a thrwy acordion, cân Romànsh yw'r steil
sy'n tincian ar balmantau'r Temple Bar.
Mae smociwrs Pwylaidd, gyda mygyn rhad,
ar Stryd O'Connell yn cyhoeddi'u gwlad.
Mae'r hen gadwynau'n newydd, meddwn, ond
mae bòs un bwyty yn ei Rwseg cras
yn diawlio'r Mic sy'n gweini, nes mai stond
pob llwy, a'r pwdin wedi colli'i flas.
Er bod 'na dro gwahanol ar y byd,
mae lle i Badi ynddo fo o hyd.

Cwpledi

Hawdd byw'n nŵr llonydd y bae:
naid y Swnt sy'n gwneud seintiau.

•　　•　　•

Yn yr heth a'r rhew eithaf,
mae llygedyn hedyn haf.

•　　•　　•

Anodd i dderyn ganu
a'i haul o dan gwmwl du.

•　　•　　•

Pan fydd glaw yn yr awel,
ar gloddiau mae oglau mêl.

•　　•　　•

Wynebau'r wasg, maen nhw'n brin
o air am frân Aneirin.

•　　•　　•

Mae'n ddu, ond mae un neu ddau'n
enwi'r sêr yn Rhoshirwaun.

Gweld yr Asda'n wyn

Os ydi'r da bob amser yn fawr
A'r busnes o bell bob amser yn gawr,
Dim lle i'r lleol yn dy dre erbyn hyn:
Ti'n gweld yr Asda'n wyn.

Os 'di'n iawn gen ti weld artícs o fwyd
Yn dod i Lŷn – a seciwri-cars llwyd
Yn cario'r pres i gyd dros y bryn:
Ti'n gweld yr Asda'n wyn.

Os 'di'n iawn gen ti golli hanner cant
O swyddi siop fara, siop dillad plant,
Siop flodau, siop lysiau, siop gig gyda hyn:
Ti'n gweld yr Asda'n wyn.

Os ydi stripleits yn dy wneud yn ddall,
Gwên bargeinion yn dy wneud ddim yn gall;
Os 'di'n iawn bod y cryf yn cael gosod y pris,
Bod yr elw'n uwch a'r taliadau'n is
A phlant y dre yn fwy obîs;
Os 'di marchnad yn gorfod cael ei throi yn arch,
Os 'di'n iawn cael swyddi heb hunan-barch;
Bod y bodiau tew ar y gyddfau'n dynn:
Ti'n gweld yr Asda'n wyn.

Os ti'n meddwl mai bwlio ydi 'marchnad rydd'
Wrth droi cynghorwyr hirben y dydd
Yn haid ddi-ddannedd o hen wragedd a ffyn:
Ti'n gweld yr Asda'n wyn.

Ac os wyt eto yn teimlo thril
Un dwyflwydd oed wrth ymyl y til
Yn gweld y fferins heb weld y bil,
Yn ennill fan acw i golli fan hyn:
Ti'n gweld yr Asda'n wyn.

Plas

Er cof am Gwyn Elis, Llithfaen

Mae'n aeaf haf yn fan hyn
a moel yw'r eithin melyn;
niwl o'r Nant yn hawlio'r nos
a'r Mai oer yma i aros
o hyn allan; ni wellith
a Plas wedi'i ddwyn o'n plith.

Dwyn i go' gan dynnu gwên
mae ei deulu 'Modelen;
awn draw, awn drwy'r storïau
a rhannu'r cysur, yn cau
coelio'r newyddion caled;
rhoi'r leins a ddwedodd ar led,
dilyn y plentyn yn Plas,
hel ei bytiau lol botas,
cofio'i bryfôc a'i jocian
a'i wyneb hwyl hanner pan.
Y Plas nad yw yn y plwy:
daw ei rith dros ei drothwy
i loywi'r cwmni, rhoi cic
i dinau, dod â'i donic,
ac am unnos wylnos wâr
mae rhith gŵyl ym mhorth galar.

Yna awn i'r stryd fud faith
i'r niwl sy'n crynu eilwaith,
niwl â gosteg o'i blegid –
oer a gwag yw'r pentra i gyd.

Gwag heb Plas? Mae Mai'n glasu
dros Chwefror a'i dymor du
erioed. Am gymeriadau
prin, mae'r dwyn i go'n parhau;
yng ngholled ddilygedyn
gaeaf haf, nid yw fan hyn
yn wag o'i weledigaeth
nac yn wag o'r hyn a'i gwnaeth;
mae'i rwbio dwylo yn dal
yn gynnes, 'dal i gynnal.

Yng nghwmni artist yng ngolau'r lleuad

Diolch i Anthony Evans am ei gwmni, a'i waith celf yn y Fic

Am ei bod yn lloer codi
tatws, am fŵs yr af i.

Ni cheir un mwynach i'w hel
na chwrw pentra'r chwarel;
yno daw'r haid adar rhydd
a heno – un arlunydd:
dyn paent, hefyd dyn peintiau
yfith yn ddel fath neu ddau;
ewyn du'n mynd a dod
a Dhali'n llwnc di-waelod.

O'r ffisig y mae digon
ynddo mwy i suddo Môn,
ll'gadau lleuadau mewn llif
a sbectol ddibersbectif,
dwy goes bren – mor deg y sbri –
a dwylaw wedi Dhali.

Ond y bŵs sy'n codi bôrs,
yr yfed sy'n creu prifors –
am wên y sêr mae o'n sôn,
crëwr y chwedlau crëon,
a honni gweld llun y gwynt,
(ei ddwdyls, clwyddau ydynt).

Mae hi'n amser, bererin,
dal gwar a'th ysgar â'th win.
Daear foel am lifft yw'r Fic,
ffonio eto'n ffanatic:
'Nefar,' medd tacsi Nefyn.
'Na, heb un lle tan bnawn Llun.'

Gwgaf y gwir wrth Gauguin.
Ni wêl o ond calon lân,
darnau neis ein daear ni
a dynion llawn daioni.

I'r pen clai, Mai yw pob mis
(y loliwr gwydra lilis)
ac ar war wleb, serth, lom, gre',
ddu y mynydd, medd Monet:

'Dere, mae'r lloer yn dirion,
awn i lawr ar hyd y lôn
acw: mi drown yn heicars!
Coesau cŵl, nid tacsi-cars
yn y wlad wych – wele da!
Ffordd wen dros y ffridd yna:
torrwn gornel at wely,
ar draws dôl, ceir drws dy dŷ.'

Nid cors Plas wêl Picaso.
Ar ei frwsh, gwynfyd yw'r fro
arw hon, lliwgar yw hi
dan nefoedd fach glyd, nêfi.

Lôn wedi'i chreu gan leuad
yw lôn yr artist drwy'r wlad;
ei glwy yw dychmygu lôn. – Mae'i luniau
yn agor waliau, plygu gorwelion.

Go iawn, dim ond breuddwyd gudd
ydi'r cwrs drwy y corsydd,
llinell y saeth haniaethol
hyd y mawn – a dim o'i hôl;
lôn dywyll fel ein diod,
lôn drwy'r crochan butra'n bod.

Mae fy Levi'n gagla'i gyd
hyd fy ael dwi'n fwd-fawlyd.
Er i'r lôn fynd ar i lawr
i Lwyndyrys, lôn deirawr
i rai (y ffarmwr sy'n rog:
bygar am weiran bigog).
Cŵn ffarm draw sy'n cnoi ffram drws
yn sâl am sodlu'r Swlws
yn eu ffos. (Na rannwch ffydd
â lŵni o arlunydd.)
Awn i'n tŷ fel Blac an' Tans
yn ffresh gan gachu Ffrishans.

I Durner, nid oes deyrnas
yn ein plwy. Does gan fawn Plas
na brwyn na llaid y bryniau
ogla neis. Anodd glanhau
trênyrs a fu trwy Annwn
ddrewddu. Am hynny mi wn
'taw rhith yw pob Rembrant rhad
yn lliwiau gwan y lleuad.

• • •

Ond yn ffenest y gwesty
mewn dylni didacsi du
heb hewl wen drwy gorsydd Plas
a'i mawnog ddigymwynas,
dwi'n sâl am weld awen sydd
yn rhoi lôn i arlunydd.

Canol oedi

Mae'r canwr heddiw'n dweud mai ifanc oedd
ei gân, nad cytgan ydi'r byd go iawn,
ac mae'r protestiwr heddiw'n mygu'i floedd
gan ddweud fod ei ddyddiadur yn rhy llawn;
mae'r rebel wedi cael ei ddesg yn awr,
ei dŷ, ei geir, dau wyliau braf a'i bres,
ac mae'r breuddwydiwr yn ddyn busnes mawr:
os oes 'na oglau elw, mae o'n lles.
Am funud bach, ar ganol taclo'r dasg
gyfrifol, rhuthro i'th gyfweliad radio,
neu droi datganiad i golofnau'r wasg,
un eiliad bach o flaen y drych, a sadio:
Ai'r clai a weli heddiw ydi'r dyn?
Neu ai'r crochenydd ifanc oedd yr un?

Henaint

Pabell Lên Abertawe, 2006

Mae henaint yn fy mhoeni... – nid cerrig
    ond cariad yw'r meini...
  ...min y môr yw'r man i mi...
  ...*mae* henaint yn fy mhoeni.

Fy nyddiadur

Llawer cofnod am waith, modur a'r ardd;
    llawer rhaid ar bapur;
  llawer peth sy'n bleser pur:
  ychydig o'r pechadur.

Ar lôn y wawr

Rhwng gogledd a de Cymru

Mi welaf batrwm cerrig tar a graen
y polion ffens yng ngwelw'r bore bach –
mae rhywun yn tarmacio'r lôn o 'mlaen,
yn tracio'r nos a'i hel yn ôl i'w sach;
Mae gwelltyn gwyn yn codi'i ben mewn cae;
ôl cŷn ar lechen, mwsog cerrig tir
i'w weld rhwng anadl darth y gwartheg; mae
gwythiennau'r dail yn weledigaeth glir.
Pan ddof o'r du i'r dydd ar linell wen
fy lampau, dim ond congl ydi'r wawr:
rownd hon, a llwyd y byd tu hwnt i'r llen
sy'n llif o olau, cyn y chwyldro mawr
sy'n troi holl botiau paent y pelydr cynnar
yn wlad o liw dros gynfas wag y ddaear.

'Mae'r gwasanaeth trenau bellach yn rhedeg ar amser...'

Yr ô'na unwaith drenau
am ddeg oedd yn dod am ddau;
er dy frys-di, oedi oedd:
hirsefyll rhwng gorsafoedd.

Rhywfaint o ddail hydrefol,
eira haf, haul gaeafol
neu annwyd bach gwanwynol –

parod fu'r esgusodion:
'Wir yr, syr, mae twll osôn
'lawr lein – rhaid cloi'r olwynion.'

I deithiau'r trenau doedd dim taerineb,
eu moto oedd ildio i dragwyddoldeb;
ond ein Cynulliad – hwnnw ga'th ateb
(a heddiw i'w weld mae'i ddefnyddioldeb):
rhoi bochdan ara'bach-dod – dirwyo –
cosb cwango'n landio ar amhrydlondeb.

Hon yw gwawr gobaith mynd o Gaergybi
i Gasnewydd dlos cyn iddi nosi;
datrys yn hwylus bàs o Bwllheli
heb bîff i Cêdiff heb angen codi
i droi'r dêt ar dy galendr di. – O! Molwn,
teg anwylwn ein holl ddatganoli.

A rŵan hyn, pa drên hwyr
sy'na? Y mae'n gwneud synnwyr,
oherwydd y ddirwy dda
ar arafwch Ariva
i glymu rêls y Gymru hon
yn daer wrth oriaduron.

Yna – ennyd.

Rwyt mewn da bryd –
di-oed y daith
(heb droi'n wibdaith)
ond awr-stondiodd
cloc. Y bys – clodd
hwnnw'n hynod.
Nid yw'r mynd, dod
yn gynt nag oedd
o hyd – Hydoedd!
Ar daith Caerdydd
con yw'r cynnydd
(os yw'n synnwyr)
heb fod yn hwyr.

Ar leiniau sy'n cynnal ein hardaloedd,
mewn oriau, pellhau yn awr mae lleoedd.
Chwyddwyd yr amser rhwng y pellteroedd
a dileu poenau o dalu punnoedd.
Hirsefyll rhwng gorsafoedd – mae'r teithio
yn dal yn nwylo dŵr, dail a niwloedd.

Mae'r trên eto'n hamddena
– er y daw mewn amser da.

Mae'n well gwasanaeth bellach,
y leiniau sy'n brydlonach
yn awr – un awr yn hwyrach.

Gwynfor

Gwynfor, brathiad y bora, – mae o hyd
    imi ias o ddrama
  ei nos hir, drwy fy nghrys ha'.

Yng ngwawr felen yr ennyd – naw oeddwn,
    rwy'n naw heddiw hefyd,
  naw oed fy nghalon o hyd.

Cadwodd hen ŵr Pencader – ei enaid
    a mynnodd, drwy lawer
  awel fain, ddal y faner.

Mae gwlad o bosibiliadau, – gwerin
    o gewri, trysorau'r
  ddoe hir yma i'w rhyddhau.

Gwynfor, llygad yfory, – mae naw haf
    o'm mewn i'n ei gredu;
  mae'i hiraethau'n fy mrathu.

Myfyr

Canolwr ugain oed Nant Conwy, dyn peiriannau
a chymeriad hawddgar

Tarw haf y tir ifanc,
carlam a llam oedd i'r llanc
yn drosol canol y cae
a choron yr holl chwarae.

Roedd fel darn o haearn haf
â hi'n ras wyllt cynhaeaf,
yntau â'i haul ar anterth
yn ei waith yn bwrw'i nerth.

Roedd haf yn ei ffordd hefyd,
roedd i'w air hirddydd o hyd,
sgyrsiog a heulog ei hin,
Myfyr a'i wên Mehefin.

Yn hydre'r dail, du yw'r dolur, – hir gŵyn
       ar y gwynt didostur,
    ond ym machlud bywyd byr,
    am ei haf, cofiwn Myfyr.

Cân Shane

Caeau y wlad sy'n culhau –
lle main sydd rhwng llumanau;
mor benstiff pob amddiffyn
â lein y dacl yno'n dynn,
ond rhowch hawl i'r diawl bach da
am ennyd – a 'dio'm yna!

Mor esmwyth â'r tylwyth teg
drwy rwyd y daw ar redeg
a hanner llam, chwarter lle
yn gyflym droith yn gyfle;
enfys bert yr ystlys bell
yn llawn pelydrau'r llinell.

Hwn diclith ffordd drwy daclwyr;
y gwalch sydd o gyrraedd gwŷr:
naid neu gic, newid un gêr
a dacw faes dwy acer
a lein wen – mae'i elyn o
yn dal ei ben mewn dwylo.

Drwodd y daw hwrdd ei don,
ras heibio fel dŵr sebon
a'i draed heb hen drawiadau
wrth feddwi helgi neu ddau;
ni fedr botwm y fidio
weld byd ei wreiddioldeb o.

Sgwarnog yr Ogi-Ogi,
cawr y trics sy'n curo tri
a'n baich sy'n her i'r bychan –
nid mawr yw'r mawr ymhob man;
dewin lled ewin o dir –
'mond olion mynd a welir.

Addurn

Diwrnod cenedlaethol Seland Newydd ydi 'Diwrnod Waitangi'
ar 6ed Chwefror – a diwrnod protest y Maori

Waitangi yw'r tatŵ ar heulwen glas
fy wyneb, rhychau'r cleisiau ar fy nhir
lle bu dy lafnau'n naddu ein hen dras
i'r pedwar gwynt; tatŵ yn marcio'n glir
rhwng gên a chorun, clust a chlust, ein poen
o berthyn, poen o golli llwybrau'n taith,
pelydrau ein cyfaddawd ar fy nghroen
lle nad oes cyfraith nos rhwng iaith ac iaith.

Waitangi: diwrnod gŵyl i ti, rhoi gwynt
i'th faner imperialaidd, picnic crand
mewn parc, areithio am yr amser gynt
a hwyl i'r teulu; gorffwys, rhwysg a band:
y colur ar y calendr, powdwr gwyn
dros greithiau dyn ar yr ynysoedd hyn.

I gyfarch Gwyn Thomas

mewn gŵyl i'w anrhydeddu, Bangor 2006

Am fod golau dan dy bedolau di'n
chwarae, Osian,
      dos ar farch a chroesi
degawdau'r dŵr. Dos, yn henwr heini,
i'r nos gynnar o ynys y geni.
O dan tylluan y lli a'i hangau,
dos â dy eiriau yno'n dosturi.

Diosg dy wynfyd euog,
tariannau aur Tir-na-nÓg.

Wyneba fedd yr heddiw
a'r llwch dros ffenestri lliw.

Dwed wrth godi llechi'r llawr
fod dynion dan fawd Ionawr.

Yn y niwl cei fanylu
ar erchwyn y dychryn du.

Cân ein marwnad, fod crac yn ein mêr-ni,
mai mesur henaint 'mae amser inni,
ond rho ynom angerdd drwy dy gerddi
i weld y gwefrau, gwneud i'r eiliad gyfri.
Cwyn y gân yw cic ein geni ninnau
am fod golau dan dy bedolau di.

Hydref Kyffin

Mae'r haf yn colli'i afael;
mae'r Eifl sydd rhyngom a'r haul
wedi mynd yn gysgod moel.

Lleuad Benmon ar donnau
heb gyllell i'w llinellau
a'i lliwiau hi'n ymbellhau.

Ei niwl oedd ein cynfas ni
a dwrn ei deimlad arni;
ond aeth, a phan aeth, trodd dallt
tywyll yn baent yn tywallt:
seidr Llydaw dros y ffawydd,
derw ar dân drwy y dydd,
melyn cyll ym mlaen y cwm
a llaw hydref yn lliwdrwm.

Awn, o sŵn hyn, at y gwyll sy'n hel
olew'r cymylau i gau'r gorwel;
at Eryri'r glaw a'i llwyd tawel
yn rhoi ar y ffridd noethni'r ffarwèl.
Awn dan garn a gweld yn y gornel
ennyd ergyd o olau dirgel –
drwy Nant Peris, mae'r machlud isel
yn rhoi gwawr goch ar y graig uchel.

Mae wyneb yn y mynydd
a chroen yw'r caregliach rhydd;
mae llygaid ac enaid gwyn
yn naid pob rhaeadr sydyn.

Y tir yma, dan aeliau trymion,
wedi'i doi gan eiliadau duon,
sy'n gadael i nos ein Gwydion lliwiau
gadw golau yn llygad y galon.

Ar lwybr chwarel

*Pan gerddai gweithwyr Llithfaen i'w gwaith yn chwareli'r Nant yn y
gaeaf, byddai'n rhaid iddynt grafangu ar hyd llwybr y bwlch ar eu
pedwar pan fyddai'n stormus iawn.*

Ar eu pedwar, pwy ydynt
'ddaw i'w gwaith drwy ddannedd gwynt?

Gwŷr caeth i fara'r graig hon
a'u gwinedd ynddi'n gynion,
haf neu aeaf, yr un iau
o gerrig ar eu gwarrau.

Ond hwy, ar lwybr yr wybren,
yn plygu, baglu i ben
y mynydd, hwy yw meini
conglau ein waliau – a ni,
mor bell o gyllell y gwynt,
yw'r naddion o'r hyn oeddynt.

Ar draeth Carreg Llam

Dan Garreg Llam, ar leuad hir y gro,
y daw y dŵr didaro i wagio'i gist
rhwng sborion chwarel, lluchio'i helfa o
ar ôl eu bachu ar nosweithiau trist.
Dan Garreg Llam, ar y pymthegfed trai,
daw trugareddau'r tonnau'n ôl i dir,
mae cylch i'r llanw, fel i fyw, medd rhai –
ni chei di'r môr yn lleidar tymor hir.
Mae'r brocmon bora ddaw i Garreg Llam
yn cofio'r corff mewn gwymon; glan y bedd
yn glogwyn galar o ysgwyddau cam
a'r dŵr, ar gerrig porth, mewn perffaith hedd.
Mae'n gwylio'r gorwel gwan, hel llwyth i'w gôl
a morlo llwyd y lli'n llygadu'n ôl.

Ar lwybr y mynydd

Weithiau daw rhyw grit pitw – i 'nghannwyll
    a throi 'nghân yn chwerw,
ac er mor fân, mi ân-nhw – i olau'r
    haul, yn haenau lludw,
  nes hoelio fy holl sylw
  ar eu nam ymwthgar nhw.

I glirio 'mhen ac ailganghennu
ac i godi uwch yr huddug du,
mi af innau a 'nhrem i fyny
i dir uchel nad oes mo'i drechu.

Uwch y gwyn gregyn mae hen greigiau
y Bera Bach a llwybr y bochau
cochion yn goron rhag gwageiriau.
Yma mae siarad rhaeadr yn rhwyg
y bedw yn groyw ar y graig.
Yma mae'r iaith yn hŷn na'r Gymraeg
a hen lais a glywaswn
yn rhyddhau'r distawrwydd hwn.

Yfais yn braf ar lan afon,
yfais yn dda 'hyd y copaon,
yna yfais holl Lyn Anhafon.

Medrais gerdded yn fy mlaen wedyn
drwy wên y dydd heb weld yr un dyn,
heb nodio ar wyneb un adyn.

Do, chwysais, ond ni chwysais chwaith – ddigon;
    rhaid oedd agor, unwaith,
  i wneud dŵr cyn pen y daith.

Di-doilet yw ardaloedd – y topiau,
    eto, hapus ddigyhoedd,
  heb bobol lân, neb â bloedd:
  mae'n hawdd yn y mynyddoedd.

Yno maen gynigiwyd i mi,
un trillawr a'r llwybr yn troelli
isod, lle saff i gysgodi,
feri peth ar gyfer pi-pi.

Yno'r rhaeadrais innau – a gollwng
    dau Gwellyn i'r llethrau;
  O!'r hud oedd cael uwch ffrydiau
  am un waith, hedd i'w mwynhau.
Yn nirfana'r dropyn terfynol
clywais lais wrth fy nghornel ôl.

Rhyw gleimar neu ramblar oedd
yn camu i fyny'r cymoedd;
daeth ar ddiarwybod duth:
tarsan o foi bach torsyth,
chwim ei air – rhy chwim ei wên –
a'i fol dan anrac felen,
a lladmerydd – fel y bydd bôrs –
y gwir twp: '*Ah! The Great Outdoors!*'

Neidiais, sadiais – a stablu'n sydyn.
Y dŵr hir a heliai'n Dryweryn
rownd ei sgidiau tew; codai'r ewyn;
ni sylwodd, ni welodd y lolyn.
Ei adael a wnes wedyn – a'i ffroenau
yn y cymylau tocsic melyn.

Dieithryn

Ym mynwent Eglwys Carnguwch

Does gen i deulu yma, ond mae'r llan
yn hen, a chrefft i'w gerrig nadd. Mi ddof
i roi help llaw i'r criw sy'n twtio'r fan
â'u strimars, ac o gwmpas yr 'er cof',
sy'n 'serchog', 'dyner', nid oes hedd na hoe
wrth ladd y gwanwyn gwyllt. Drwy'r brwgais bras,
chwipiwn dros lwybrau hen deuluoedd ddoe
fu'n cario blodyn gwyn at garreg las.
Mor wyn eu ffydd nhw hefyd; ar bob bedd
mae cysur bach sy'n agor drws y gell
gan godi'r meirw oll 'yn hardd eu gwedd'
drwy'r drain i nefoedd daclus sydd mor bell
i un heb wybod dim ond geiriau 'rioed,
heb wybod claddu tair a phedair oed.

Golau William Selwyn

adeg cyhoeddi ei gyfrol

Yn Nhrwyn Clogwyn, mae'r môr claf
yn gawod wyllt o'r gaeaf
a'r machlud coch yn frochus
yn y tonnau lliwiau llus.

Mae'n wan a llwfr ym Mhen-llyn,
y wawr heb gân aderyn
a thiroedd y tarth araf
heb wres, heb hanes o haf.

Mae llinell gam i'w llenwi
o flaen Porth Dinllaen – daw'r lli
i chwyddo heno fan hyn
a llwydo Enlli wedyn.

Mae niwlen ar y Fenai
sy'n gyrru'r rhwyfwyr o'r trai
i'r lan, a daw'r haul o hyd
i farw dros y Foryd.

Ond mae gwawr i Ionawr er hyn,
nos olau yw nos Selwyn;
lle bo'i ddyfroedd lliwiau bydd
golau mwyn drwy'r glaw mynydd,
cannwyll ar glogwyn ceunant,
llun ei wên mewn llyn a nant:
gwên y sêr, gwên y gwêr gwyn,
gwên swil, gwên gynnes Selwyn.

Cysgodion yn y cyntedd

'Tynnwch eich cotiau.' meddai'r nain, a'u rhoi
ar stand – cael modd i fyw mewn prinder lle
i dair cenhedlaeth. Ond doedd chwaith osgoi'r
gôt wag a oedd yn gysgod dros fwrdd te.
Âi'r galw heibio'n amlach dros ei sbel
mewn cartref – meddwl 'bod ni'n cadw'r tŷ
yn llawn. Caem weld, wrth droi i fynd a hel
y dillad, honno gyda'i gobaith du.
Wedi'r angladd, dal safnau bagiau bun
a chladdu trugareddau'r byd sydd raid,
a'r plentyn golau gododd gwestiwn gwyn
pam nad yn fa'ma rŵan gôt ei thaid?
Cysgodion yn y cyntedd, 'mhlentyn tlws,
bob tro ti'n oedi ym mynd a dod y drws.

Oherwydd

Dwi'n mynd i 'ngwely'n Nulyn, deffro'n Ffrainc;
mae 'ngharafan heb olwyn ar lôn gul;
dwi'n gosod lein o ddillad ar hen gainc
a dod o fáth nos Sadwrn ar nos Sul.
Dwi'n gwasgu gwin o lyfrau yn y glaw,
yn powltio ffram y beic ar lun Porth-gain,
cael cerrig cloi fy waliau yn dy law
ac er mwyn mwyar yn gwrteithio'r drain.
Dwi'n edrych yn fy mlaen drwy weld mewn drych;
dwi'n chwarae gyda'r gwyddbwyll ynot ti;
dwi'n torri blas y tonnau ar dir sych
a chlywed glas dy hafau ar CD,
Oherwydd dwi'n dy garu, ac fel hyn
mae hynny'n swnio jest ar ddu a gwyn.

Cyfarchiad priodas

Dwy wên ac un llawenydd, – dau wanwyn
    o dan eich adenydd;
   ym mhelydrau dau, mae dydd
   golau yn nos eich gilydd.

Ynys Llanddwyn

Mae 'na ynys o'm mewn innau, – ynys
    anodd cael ei glannau,
   nes i un hwyl wen nesàu,
   nes daeth dy glosio dithau.

Yr hen ddyn stalwyn

Mae pennau'n dechrau troi wrth wylio
yr hen ddyn stalwyn ar y stryd
yn mynd am wisgi bach cyn cysgu
a'i slipars am ei draed o hyd;
yno wrth y bar y mae o
yn brolio'i gaseg ar ei stôl,
sôn am dorri'r ebol fewn...
nes daw Annie draw i'w nôl.

Ar 'ffordd adra mae hi'n hymian
hen gân serch o'i dyddiau iau,
ar ambell lein, ymuna yntau;
braich ym mraich, cydgama'r ddau:
ei henw hi yn llenwi'i lygaid,
ei wên yn fyw, nid gwên y co';
stalwm, roedd clec i'w esgid yntau:
hi sy'n cofio drosto fo.

Gwyn Erfyl

'Dim ond y llwch sydd yma'

Yma'n y llan mae un llwyn
yn wyn gan wên ei wanwyn,
llwyn colomen a gwennol,
llwyn o ddail meillion y ddôl;
llwyn â'i haul yn llawenhau
Maldwyn gwyn y plygeiniau.

Y llwyn heb frigyn llonydd
i'w natur, drwy'r awyr rydd
fu'n holi, holi o hyd
y ddoe sy'ma'n ddisymud;
holi'n ifanc ei helynt,
holi gwerth y chwedlau gynt.

Gwelai'r gwych drwy'r glaw a'r gwynt,
rhedai'r cariad drwy'r corwynt;
â'i ganhwyllau golau gwâr,
gwelai dda'n sigl y ddaear
a thrwy nabod y blodyn,
aeth ei gân yn hiraeth gwyn.

Gwin oedd ysgawen iddo,
gwin gorau ei wydrau o,
gwin i dad, hogyn neu daid:
y gwin sy'n magu enaid;
cariad oedd llygad y dydd
a gwên oedd ei blu'r gweunydd.

Dwyn i gof Eden gyfan – o wanwyn
mae'r llwyn uwch y graean;
er rhoi'r llwch yn erw'r llan,
mae hwn fel Mai ei hunan.

Cychod cariad

Cwrwg yr haf oedd cariad
ar ddoe y dŵr: bwrw'r bad
i bwll llyfn, a wyneb lli
yn fwyn dan y rhwyf heini.

Newid llestr yn rhyd y llan,
hwylio i oed aber lydan
a herio tonnau garwach
môr byd, efo'r morwyr bach.

Bwrw am y bae arall,
ffeirio'r llywio – 'naill a'r llall;
morio gyda dwylo dau
a'r haf yng ngraen y rhwyfau.

Agoriad swyddogol

Brenhines Lloegr yn Senedd Cymru

Arafodd ei llong ryfel
yn y Bae, a thaflu'r bêl
yn ôl gorchymyn a oedd
yn groes i rwysg yr oesoedd.

Taflu'r bêl at hen elyn
fel 'tai yr hen afael tynn
yn llacio; geirio yn gain
wyched yw'n hawliau bychain.

Yna'i llong, cyn pellhau,
'n tanio gwn at ein gwenau
yn sioe'r Cwîn, i serio i'r co'
mai un llew sy'ma'n llywio.

Ysgol Pentreuchaf

Rwy'n un o lywodraethwyr Thatcher gynt
mewn ysgol wledig, lle mae baricêd
bwcedi ar bob desg pan fydd hi'n wynt
a glaw. Oes bell yn ôl, mi roddwyd cred
mewn addewidion papur yn lle brics
a sment pan gauwyd tair, creu ysgol fro
a chael pob sicrwydd gan hen lawiau'r trics
na fyddai'r rhes cabanau 'mond dros dro.
Yn ias y gaeaf, chwys yr haf, mae'r plant
yn dysgu tabl tri drip-drip i lawr,
dychmygu lluniau bach o'r staen ym mhant
y nenfwd, creu baledi tywydd mawr,
gan adeiladu llong ac angor siŵr
o'r addewidion hyn na ddaliai ddŵr.

Blodau ar y tro

Mae lawnt wrth ymyl y lôn
a gwên o flodau gwynion;
lliw a dawns ymhell o dŷ –
petalau ar fap teulu.

Yno, pan ddônt, mae ennyd
y mynd yng nghanhwyllau mud
eu llygaid colli hogyn;
dyma'r Mai na ddeuai'n ddyn.

Mai yn gorwedd sydd heddiw;
Mai'n tyfu'n llai; nid oes lliw
yn yr ardd wrth lôn ar dro
heblaw du yn blodeuo.

Moped newydd

Pan ddown at fforch, ti'n mynd dy ffordd dy hun,
sgrin dy helmed yn rhoi iti lygaid dyn.

Clec yn dy feic a'r cwmwl o'th ôl yn glir
a'r lôn yn dal gorwelion hŷn y tir.

Mae'n chwithig braidd wrth roi dieithrwch i ti
yn rhodd ar ddwy olwyn; pellter rhyngot a ni

i ddathlu dy ben-blwydd; testun hel
gofidiau mewn mwg wedi'i lapio'n ddel.

Ond cyn diflannu gyda'r lôn, ti'n troi,
codi llaw: dwi'n llawn o'r hyn wnest tithau'i roi.

Bro Meic

Meic Stevens yn canu yn Llithfaen, Ebrill 2006

Rwyt heno'n tiwnio'r tonnau
a'n hwylio i borth cêl y bae;
y llais yn creu glannau llwyd
yn haf rhydd cwm dy freuddwyd;
tithau'n dwyn gwanwyn a gwin
a hithau'n dymor eithin
a rhoi i'r llun o drai a llaid
wlith ar wenith yr enaid;
yna dwyn, yr Houdini,
hiraeth nos i'n traethau ni:
ambell wên o'r gorffennol
yn ateb 'ddaw neb yn ôl',
ac yn Solfa'r bora bach
y mae'r penllanw mwyach
yn cyrraedd aber Erwan
dawel. Mae gorwel dy gân
yn cau weithiau fel cawod,
wedyn mystyn, nes fy mod
innau yn don yn y dŵr
yn erbyn wal dy harbwr.

Symud tŷ

Hen daid a hen nain Jôs Giatgoch yn gadael Porth Dinllaen, tua 1900

Ymdroi yn ffram y drws mae hi, culhau
y bwlch i'r cariwrs, nhwythau mewn straffîg
yn gwasgu'r cistiau heibio i fwâu
ei breichiau pleth a saeth ei gwefus big.
Mae'n edliw pob dodrefnyn gyda'i threm,
yn taro'i llaw 'o-bach' ar ambell un;
y pîn a'r derw, medd ei hosgo lem,
gystal â bod yn goed i'w harch ei hun.
Anwylo'r gêr i'r drol mae o – cael trefn,
â'i ddwylo codi angor, at yr allt:
unioni'r pwysau, cyn cael sythu'i gefn
am werddon fach o gaib y tonnau hallt.
Ac yna at y drws a'i chodi hi,
ei rhoi ar ben y llwyth, a 'Ffwrdd â ni!'.

Dilyn ei drwyn

Roedd yr Wyddfa'n lliw sguthan a'i sgert
yn boddi golau ceir Beddgelert.

Dyn iau 'gofiais, â bawd yn gofyn
dros gorff camog am bàs i hogyn
o niwl y wlad adre'n ôl i Lŷn.

Oedd ffraeth ei sgwrs am gwrs drwy gorsydd –
dojo mawnog, ennill badj mynydd –
un hawdd i gadéts, heb swyddog diawl
i boeri gweiddi pan aeth hi'n gawl
ar ddarllen map; cael crwydro'n hapus
llwrw ei ben; yna, colli'r bỳs.

A ffraeth am Gatraeth, yn filwr traed
y sgwrsiai; chwarddai yn goch ei waed
am gael gadael y Tachwedd a'r gwyll,
ffeirio'i gorsydd am ffair y gwersyll;
cael codi llaw ar hen athrawon
a mapio ei dân at gamp dynion.

Wedyn am Ynys Cyprus 'câi o
droi i heulwen y gwersi drilio
i'w baratoi, a'i roi ar heol
rhannau cynnes y Dwyrain Canol.

Diolchodd, diflannodd i law ei Lŷn,
i dir heb leuad, heb droi blewyn,
yn gyfarwydd braf â'i gyfeiriad;
fel hynny'r gwŷr aeth o'i flaen i'r gad.

Llafnau

Rhan o'r dorf mewn angladd llanc

Ddoe mi welais y Gododdin
Oedd yn clywed cerdd Aneirin,
Sgwyddau culion rhwng dwy ywen
Yn crymanu'r crysau gwynion.
Rhesi mudion yng nghysgodion
'Naill a'r llall ar ymyl dibyn.

Yn eu llygaid, clywed syndod,
Yn eu dwylo, gweld eu chwithdod;
Heb y geiriau galar parod,
Llwyd y dallt yn eu hedrychiad
Fod 'na rywbeth wedi newid,
Nad yw terfyn byw yn darfod.

Daeth yr haearn anweledig
Ddoe i hogi'i hun yng ngolwg
Criw o lafnau gwyn crymanog,
Ac mi welen nhw drwy farrug
Y Gododdin rhwng y cerrig
Fod eu fory wedi'i fenthyg.

Y dyn mynydd

I Rob Piercy a'i gasgliad o dirluniau 'Mynyddoedd Eryri'

Un gŵr ar droed ar esgeiriau'r drum,
blewyn unigedd y llechwedd llym
a'r cymylau'n cau ym mlaen y cwm.

I lwybr du y glaw a'i boeriad gwlyb,
o dan ei sgrepan, daw dros y grib
at deimlad lle nad yw dyn yn neb,

i mewn i ddwylo'r mynydd olew
neu drwy'r drws sydd heibio'r rhaeadr draw:
llinellau dyn ar goll yn llaw Duw.

Mor fach wrth gyfrinach y Foel Fras
rydan ni. O'r clogwyni, daw gwas
y darganfod a'i ddweud ar gynfas.

Mi ddaw â llygaid cymoedd Llugwy,
daw â'u dirgelwch a'u heddwch hwy
a down i fyd sy'n ein gwneud yn fwy.

Crwydro'r Cyfandir

Car teulu a dwy babell ar y rac
a llong Ostende oedd gwyliau haf yn blant –
y 's'il vous plaît' a'r 'danke, grazie, tak';
cael dant at fara diarth; Alp a phant;
yr 'autobahn' a'r lonydd cefn – cael cip
ar fawredd gwledydd bychain, gweld eu ddoe
drwy'u heddiw oedd ein hechel ar y trip
nes bod hi'n job o waith i gymryd hoe.
Byw heb 'GB', heb basport ond ein hiaith,
gan godi aeliau gyda'n baner ryfedd,
yn dathlu'n bod ni ar yr un un daith,
wrth fynd â'n gwersyll haf yn ôl i'n Tachwedd.
Dros lawes fach o fôr, dan haul mawr, cry
mi chwiliem am Lanrwst drwy sbectol ddu.

Yn ôl yng Ngerddi Tivoli

Fi heno yw fy nhad, yn gadael wàd
papurau krøners yn y twll bach talu;
dwy droed ar lawr yn tynnu llun bach sàd
o'r olwyn fawr, a'u siarsio rhag gwamalu
ar gerbyd lloerig. Fel pob tad erioed,
dwi'n pwyntio at y brêc i gyfreithloni
gwib. A nhw yw'r hogyn deng mlwydd oed
fu yn 'fan hyn ar wyliau, gan wirioni,
ac addunedu dod yn ôl, rhyw dro,
i roi i'w fardi-gras ei hun o gnafon
eu hawl i hwyl, heb liw o'r bwci-bo
yng ngolau'r ffair. . . Roedd hynny cyn i'w afon
ddod lawr o raeadr y calonnau'n rasio
i bwll y rhwyf, lle nad oes neb yn sblasho.

Y ddiod leol

Roedd y ferch ar y cwch yn gwybod ei gwaith
Wrth ein tywys drwy'r harbwr, pob chwedl a ffaith
Ynghylch København, hyn mewn tair iaith.

'Rhwyfodd y Daniaid yn eu cychod hir
At longau tal Nelson, rhag i'r comandîr
Ddwyn ein tonnau a llosgi'n tir…

'A bragdy yw hwn: i rwyfwyr y môr,
Deg liter o lager y dydd oedd y sgôr
Yn erbyn canons y men-o'-wôr.'

Deg liter o lager i griw y cwch,
Neu gwrw Cwm Rhondda i setlo'r llwch,
Neu flwyddyn o fedd cyn cyrchu Catraeth:
Tair diod gadarn y tafod caeth.

Efeilliaid

Hunodd y naill ohonyn' – er hynny
    gall rhieni'r bechgyn
  yn rhwydd, afrwydd bob blwyddyn
  ffeindio dau yn ffunud un.

Lle'r aeth?

Ar hanner casglu'r grawnwin – a Medi'n
    ymadael, mae'r cwmni'n
  gresynu, cyn gwasgu'r gwin:
  'Lle'r aeth Ebrill a'r eithin?'

Yn yr uned arbennig

Wrth gofio Meinir Hafod Dinbych

Mae'n galw'i meibion ati, nid er mwyn
eu gadael, ond i adael ar ei hôl
eu mam mewn darn o amser wedi'i ddwyn
i'r hogiau ddal i dyfu yn ei chôl.
Mae'n tynnu'u coesau, edliw gwendid bach
neu ddau a chwalu'u gwalltiau – bore gwyn
rhwng anadl dywyll a chwerthiniad iach
sy'n rhan o ddiwrnod y bywydau hyn.
'Taclwch yn gryf mewn gemau,' meddai'i llais,
'pan fydd eich llinell chi eich hun dan straen,
a phan gewch chithau groesi am eich cais,
rhowch law i'r sawl roes bàs a bwlch o'ch blaen.
Felly y pasiaf innau'r bêl i chi
– ewch allan, ewch a chwarae gyda hi.'

Eirug

Y sigâr a'r leins gwirion,
y pôs a'r sbecs Alcapôn
efo'r wedd 'wastad-ar-frys'
a'r pâr o geir pwerus
a'i ofal *rhag* byhafio
oedd ei siwt gyhoeddus o.
Eirug, llwy bren ac arab;
styrar, rog, ffleiar a strab.
Dôi coban Cynan o'r cês
i ganol ei stomp gynnes;
gwnâi hi'n big i bwysigion
mawr eu rhech y Gymru hon,
yn ddihareb o dderyn,
eto'n fwy hurt na fo'i hun.

Un arall oedd yr Eirug
'garai iaith y mynydd grug,
corlannau llyfrau a llên
a lleuad pell o awen:
un arall, oedd yn gallu
mwy na dweud am wyn a du;
nid achwyn cam na fflamio –
y gwneud oedd ei fegin o.

Un 'heneiddiodd flynyddoedd
i roi gwas i'w Gymraeg oedd,
gwas nad oedd ei siop ar gau,
gwas a losgai i'w heisiau,
gwas y canhwyllau bach gwyn
a gwas a droai'n gêsyn
er ei mwyn hi, i roi mwynhad
i eraill ddal i'w siarad.

Y gwanwyn hwn – a gwae ni
â gwanwyn heb ddrygioni
na direidi drwy'i redyn –
mae 'na dwll, un mwy na dyn.
Wedi storm ei berfformans,
yr arab a mab y mans,
rhown eiriau'r iaith a rhown rug
Eryri dros dir Eirug.

Ffeil Fawr Ddu Mike Ruddock

Mae ychydig bethau ym myd hirgrwn y bêl
Na chân nhw ddim sblash yn y Westyrn Mêl.

Pan ffliciodd Mike drwy dudalennau lu,
Gwelodd y bylchau, a chreu'r Ffeil Fawr Ddu

Gan roi copi ohoni, law yn llaw â'i ddawn,
I bob un o'r garfan ar drothwy'r Gamp Lawn.

Cyn techneg y sgrym, cyn tactegau'r lein,
Cyn y pasio blaen-bysedd a'r symudiadau ffein,

Aeth â nhw'n ôl at gic gyntaf ei wlad,
At grud a bedd a chamwedd a chad,

– At stori'r ddraig goch yn yr ogofeydd
Yn dal ei thir drwy'r daeargrynfeydd

– At Garadog yn gwrthod rhoi'i ben-glin i lawr
O flaen gorsedd Cesar yn Rhufain fawr;

– At Jemeima Niclas yn gwisgo trons
A gilotinio'r 'Vive la France';

– At saethau Taliesin, at lafnau Aneirin
Oedd unwaith yn goch ar strydoedd Caeredin;

– At Badrig, o Gymru, gyda phader a ffon
Yn sathru pob sarff oedd draw dros y don.

'Ni fyddwch yn unig wrth fynd ar y cae,'
Oedd anthem Mike, 'Gyda chi mae

Pob Delme a deimlodd raff Penderyn;
Pob Gravel a wylodd ddagrau Tryweryn;
Pob Ieuan a heliwyd o Gonwy yn feddw;
Pob Gareth y crogwyd Welsh Not am ei wddw;
Pob Bevan a laddwyd mewn cwymp dan ddaear;
Pob Gerald Gymro a daflwyd i garchar;
Pob Quinnell roes gweir i Grawshay budur;
Pob Windsor aeth i'r gad pan oedd Tudor yn Tudur;
Pob Cobner caled, lygad cudyll;
Pob JPR a daclodd gestyll;
Pob Cleif a'i acen yn caledu gwerinoedd;
Pob Bennett fu'n ochor-gamu byddinoedd;
Pob Jonathan ffraeth wnaeth sbort am eu pennau;
Pob Price a'u gwasgodd at hollti asennau;
Pob Gibbs a dorrodd dwll yn eu wal;
Pob Barry John na chafodd ei ddal.

Yr hanes nad yw ar ein cwricwlwm ni,
Y straeon 'anaddas' i chi a fi,
Y petha mae Cadw yn eu cadw dan glo
Sy'n y Ffeil Fawr Ddu. Maen nhw bellach ar go':
Pan fo hanes a haearn yn y galon yn un,
Dan ni'n barod i chwarae'r gêm ei hun.

Tynnu'r gadair gefn-beic

Daeth beic Siôn Corn i'r ferch; aeth beiciau llai
i'w brodyr. Mae 'na newid gêr ar allt
eu twf – nid cŵl yw sêt fach din i'r rhai
mewn oedran pedlo, rhaid i'r Dad 'na ddallt.
Dadfowltio ydi'r dasg y Calan hwn
a chadw'r gadair blantos yn y cwt:
mae'r rhod sy'n gyrru'r daith yn fyr a chrwn
a chocos amser wedi deud eu pwt.
Ar silff y sied, mi roed atgofion mân:
hel mwyar; nôl y dorth ar wyliau haf;
y pen yn cysgu ar fy nghefn, neu gân
yn clecian rhwng y cloddiau. Ond mae'n braf
cael gelltydd heb eu pwysau ar y tjaen
a'u gweld yn mystyn hyd y lôn o 'mlaen.

Bochdew mewn marchnad Lydewig

'*Trés bonne à manger!*' meddai dyn y drol,
tu ôl i lygaid aur y cnöwr tew;
cusan i'w fysedd, ffroeni a rhwbio'i fol
wrth weld plateidiad poeth mewn pelen flew.
O stondin ieir i stondin bysgod môr
i'r cregyn malwod a'r cwningod llwyd:
nid bwyd mewn bocs ond bwyd mewn caetj – '*Alors!*
Os clywi di ei byls, mae'n dda fel bwyd!'
Dwi'n cofio hen siop gig – y gwaed, llwch lli,
cyrff moch ar fachau, tafod buwch ar slab,
ond 'Bechod am y bochdew,' meddan ni.
'Gwnewch gigoedd heddiw'n ddel, heb ôl y stab –
a gallwn, wedi'n swper clingffilm, clîn,
stumogi'r rhyfel ar y bwletîn.'

Tomen wast y gwaith tun

Maes Eisteddfod Abertawe, 2006

Yma'r wyf yn cerdded clwyfau'r hen waith:
   Tir Neb, ond clywch chithau
  'hyd y tip, er gwastatáu,
  chwys a gwaed drwy'ch esgidiau.

Huw Evans, coryglwr olaf afon Taf

Er mor hyblyg helyg haf, – eiddo ddoe
   medd y ddeddf styfnicaf
  ac ym machlud tawchlyd Taf
  ceir gwely'r corwg olaf.

Adrodd yr hanes

Heather Jones yng Nghapel Coffa Celyn,
adeg Taith Gerdded yr Ysgolion, Chwefror 2008

At borth marwolaeth, down â chi yn griw
o blant, i werthu'r stori ichi: dŵr
y llyn yn Chwefror llonydd yn eich lliw
ac argae ar eich dagrau. Mae'r holl stŵr
am foddi cwm ac iaith ymhell yn ôl
i chi, a phan ddaw'r gân am 'golli tŷ
a cholli tyddyn', 'welwch chi mo'r ddôl,
na'r ysgol wag na chwymp y trawstiau du.
Yr eirlys wrth y Capel Coffa sydd
yn mynd â'ch bryd, a phwy 'dan ni – y to
mewn cotiau tew yn ias y diwedd dydd –
i sôn am ddyled, tynnu nerth o'r co'?
gan wybod, pan fydd nyth eich dryw yn chwalu
mai chi, y gwanwyn hwn, fydd piau'r talu.

O gil-haul i'r golau

Haul cyntaf y gwanwyn ar dŵr eglwys Nant Peris, 13eg Ionawr

Dan sgarff o wlân yr haul, Elidir Fawr
sy'n cadw'i wddw rhag pob haint yn glir;
mae awyr las uwchben wrth ddod i lawr
y Nant, ond bodiau Ionawr gwaelod tir
a glywaf wrth y fynwent. Stampio'u traed
mae'r dringwyr wrth eu ceir, a cheisio cau
eu capiau rhag yr ias sy'n ceulo'r gwaed;
clywn gi yn udo, wrth i'r cwm gulhau.
Daw'r gwynt o'r Bwlch i blygu cefnau'r drain
fel plant mewn drama'r Geni; barrug gwyn
ar farrug ddoe sydd yma a chysgod brain –
ond cylch y calendr ydi'r meini hyn:
mae lliw'r golomen ifanc, wan
yn canu cloch yr haf ar dŵr y llan.

Carreg gigfran

ger Llanddeusant, Môn, un Haf Bach Mihangel

Mi welais Angau heddiw ar faen hir
yn mwytho'i hugan ddu, yn hogi'i phig
a throi ei llygaid llwgu dros y tir
gan bwyll, gan bwyll, wrth aros am ei chig.
Mi welodd hithau fi, cymhwyso'i thraed
i ddilyn llwybr haul fy nghamau i
wrth gylchu'i gorsedd. Codaf lens, a'r gwaed
yn pwmpio, ac anelu ati hi...
Cyn taro'r clic, mi chwalodd esgyll blêr
i'r awyr. Nid mor hawdd mae'i dal, fel 'tai
rhyw ddeall rhyngddi hi a'r maen a'r sêr
tra chadwai'i channwyll dywyll ar fy nghlai.
A gwn, daw dros fy llwybr i drachefn,
ond heb ei disgwyl 'daw hi – o'r tu cefn.

Bwrdd i un mewn bistro

Dy eiriau di sy'n pup'ro'r bwyd o 'mlaen;
dy wyneb ydi'r plât; dy chwerthin clir
sy'n tincian wrth y bar a'th wên yw graen
y bara cynnes; arogleuon hir
dy gwmni ydi'r seigiau ar y bwrdd;
mae'r llwy yn llyfn gysurus fel dy law;
rwyt yn y gornel wrth y drws lle cwrdd
cariadon potel win – nid ar ben draw
fy ffôn. Nid wyf i hebot; ti a'th fyd
a'th holl freuddwydion ydi'r *Medoc* mwyn
sydd yn fy mhen, ac allan ar y stryd,
mae lampau gwyn fy myd pan gaf dy ddwyn
o'r nos. Ar liain glân fy mwrdd bach i
mae'r plu sy'n gorwedd heno danat ti.

Y busnes barddoni

Rhowch ddesg i fusnes, cadair siglo hoff
i'r awen, meddai rhai; fan wen i un,
adenydd gwyn i'r llall – sy'n alarch cloff
ar darmacadam byd. Rhowch far i ddyn
odliadur, banc i'r cyfrif-g'radur – 'chos
nid oes cynghanedd rhwng yr awr a'r lle
a delwedd bardd ohonynt; cash yw bòs
y dydd – cei gyflog cerdd wrth borth dy ne'.
Ond yn fy ngweithdy i, mae cwpled caeth
yn rhwymo meingefn llyfrau; mae mewn iaith
argraffiad prin o ddywediadau ffraeth
ac yn ei fydr, elwa mae pob gwaith;
sillafau bach yn siopau bach y byd:
yr un un gân mewn stiwdio ac ar stryd.

Yn ôl yn Neuadd Pantycelyn

Aeth traean canrif 'lawr Pen-glais i'r lli
ond daw i ffroenau'r cof yr un diheintydd
wrth y porth; mae'i llenni llonydd hi
yn dal i gadw'r canol dydd o'r llofftydd
a thwmpathau dillad sydd mewn sach
ar ganol llawr; uwch ben y pan mae rhybudd
be i beidio'i wneud 'fo rôl tŷ bach;
mae'r farnish drysau'n para yn dragywydd. . .

Ac mae'r un heulwen hefyd ar y rhiw,
a'r awyr las yn tywallt bore newydd,
gorwel arall, dros y daith a'r criw
sydd arni; mae'r un gwanwyn yn aflonydd
wrth iti weld y ffordd o'th flaen yn wyn
a minnau fesur faint yn ôl oedd hyn.

Pryd o dafod

Fel bara cartref cynnes, roedd Shir Gâr
yn Nyffryn Conwy ar ein haelwyd ni,
roedd 'Dos-i'r -lofft-'na' weithiau'n 'Cer-lan-stâr'
a 'Shoni-bach' oedd pwtyn iddi hi;
Roedd 'cnoc-y-dorth' yn gerydd gyda gwên,
ond os mai 'shang-di-fang' a welai hi –
âi'n 'benwan-walus'; weithiau (yn llai clên)
mi ro'n i'n 'dwp fel slej', a mynd â'r ci
am dro oedd orau. Geiriau mân fel hyn –
mi aethant dan y bont a chyda'r lli
i'w golchi gyda'r gro a'r cregyn gwyn
ar ôl i'r esgyrn g'ledu; nes i mi,
wrth ddwrdio ac anwylo 'mhlant fy hun,
eu codi ar hen draeth yn rhywle'n Llŷn.

Dalfa

Yn y llanw, cadw llinell – o obaith
    yn abwyd i'w gymell;
   gweld y bŵi, ac o'i wlad bell
   y cywydd ddaeth i'r cawell.

'Windbreak' ar lan y môr

Curodd i draeth Porth Ceiriad – ei bolion,
    yn belydr gwrthdrawiad,
   a gwenwyn hen ddatganiad
   yn ei glec meddiannu gwlad.

Bae Porth Dinllaen

Daw gallt o flodau gwylltion – yn gesail
    a hi'n gesyg gwynion,
   braich o dir rhag broch y don
   wna'n dawel ofnau duon.

Tywydd Steddfod yr Urdd

Mi ddaeth y gwynt o'r dwyrain i glecian yr adlenni
A finnau'n carafanio – roedd eisiau chwilio 'mhen i.

Mi ddaeth cymylau duon, tywallt eu pistyll prudd
Nes cyrlio pob un cornel o gloriau Rhaglen y Dydd.

Mi ddaeth y niwl o'r môr i orwedd dros y tir
Ac nid oedd to'r pafiliwn bryd hynny i'w weld yn glir.

Mi ddaeth pob tywydd Steddfod, ond daeth y dyrfa hefyd
I ddilyn haul y plant a Mai yn gry'n yr ysbryd:

Y gobaith lond eu sgyrsiau pan fyddai'n bwrw'n iawn:
'Waeth befo am ryw gawod – mi godith at y pnawn.'

Yr hindda yn eu hwyliau yn drech na'r tywydd, mwn
Gan ganmol hyrddiau brochus – 'Gwynt sychu ydi hwn.'

'Di'r ddrycin a'i diflastod ddim ond yn para sbel,
'Dan ni'n bobol sbectol haul o dan yr ymbarel.

Hynny fu ein hanes ar feysydd gŵyl a chad:
Mae gwawr a gwanwyn newydd yn fythol yn ein gwlad.

Te angladd

Down i de yn ein duon,
yr hen bry'n brathu pob bron
a rhoi llaw i'r naill a'r llall,
llaw ddu na all hi ddeall.

Cawn blât ac estyn ati,
ildio i groeso'r gacen gri;
fan hyn, mae 'na ysgafnhad
mae hi'n siŵr mewn mân siarad.

Down 'nôl at ein bywyd ni
y gallem eto'i golli;
anwesu byd – ac mewn sbel
yn ein du, bydd gwên dawel.

Yn yr amser sydd ar ôl

Un Llun, aeth ei ddyddiau'n llwch,
yn dwll i'w hir dywyllwch;
drwy'i galon aeth pibonwy:
'Naw mis, deuddeng mis, dim mwy.'

Ffoniodd rai o'i orffennol
efo rhestr ei fyw ar ôl.

Fe'i clywaf yn ailafael,
yn trio gweld, er tro gwael
bywyd, fod i ennyd werth,
yn rhoi i adfyd groen prydferth;
dymuno – heb hawlio hyn –
funudau, cyn trefn wedyn.

Chwarae ping-pong efo'r plant

O'r diwedd mi rois goesau dan y bwrdd
fu'n sefyll ar ei gyllell wrth y wal
drwy oes sawl seis o'u trenyrs. Yna, ffwrdd
â ni, gan wneud yn fawr o'r haul sy'n dal
i wenu'n hwyr fin nos. Ac ydyn, *maen*
nhw'n goesau call, yn lledu a mynd yn is
i'r bychan, fel bo'r gêm yn llai o straen.
Cawn godi'r wyneb wedyn, fesul gris
o'u tyfiant. Mae pob rali'n mystyn drwy
ddal ati efo'r batiau, fel 'tai sgwrs
yn tyfu rhyngom – dim ond gêm neu ddwy
bob nos, am fod 'na gilotîn wrth gwrs
ar amser chwarae efo pêl fach wen,
a hyn a hyn yw oes y coesau pren.

Y wefr gyntaf

Wrth gofio'r llyfr cyntaf a gyhoeddwyd gan y wasg

Roedd ei deip braidd-gyffwrdd du
ar oleddf mewn sgwâr wely;
bwriwyd toi bach â beiro
a stomp wnaed o'i osod o
yng nghanrif y gwas ifanc;
methwn (boddwn, meddai'r banc)
dorri hwn â llai o strach
tan lafn gilotin lyfnach.

Eto, a phethau'n rheitiach
yn ôl y byd, yn swil bach
byw yw'r ias pan oedd mor braf
rhoi cownter i'r llyfr cyntaf.

Urddas

Yng nglofa'r Maerdy 'mhen draw'r cwm
Mae'r streic a'r ben a'r shifft yn dechrau
Ac mae baneri'r bore llwm
Yng nglofa'r Maerdy 'mhen draw'r cwm
Yn lliwgar uwch y corn a'r drwm,
Er bod y cau yn eu hwynebau;
Yng nglofa'r Maerdy 'mhen draw'r cwm
Mae'r streic a'r ben a'r shifft yn dechrau.

Mae band yn taro 'Mhwll y Tŵr
Y pwll yn wag a'r bois yn canu;
Mae'r stori'n dew, mae'r elw'n siŵr,
Mae band yn taro 'Mhwll y Tŵr;
Fel un wythïen daw pob gŵr
Yn wyneb-ddu o'r gwaith dan wenu;
Mae band yn taro 'Mhwll y Tŵr
Y pwll yn wag a'r bois yn canu.

Lludw

Wncwl Wil, Pantyffynnon – brawd mam-gu, glöwr a garddwr

Ben bore, prociai'r cnape oedd yn nhân
y nos a rhawio lludw'r nos, y llwch
a'r cols rhwng llysiau ac ar lwybrau mân
yr ardd, gan gerdded 'nôl a mlaen drwy'r trwch.
Câi ddisgled yn ei law cyn shifft y ffâs,
câi lond ei frest o wynt y bore gwyn,
câi godi chwynyn gyda'i ddwylo glas
a gweld 'shwt gino-bêns sy' erbyn hyn'.
Mi dyngai uwch ei gynnyrch cartref fod
rhyw gyfoeth dirgel yn y marwor llwyd
rôi nerth i'w bridd a chanai gloch ei glod
i'r drefn ofalai am ei ford a'i fwyd.
Roedd hyn cyn cornel fach yr hances goch
a dim ond llwyd y rhaw ar rychau'i foch.

Y môr barus

Mae'r clai trwm yn troi'n gwmwl yn y môr
    a mynd wnaiff y cwbwl
   o dir y pentir, pob pwl
   yn ei wagio i Borth Neigwl.

Y graig wen

Er nad yw'r hen eneidiau – yn gwenu
    ar graig wen ein tadau,
   y maent drwy Mai yn trymhau
   ei chroth er gwaetha'i chreithiau.